LES

SÉQUESTRATIONS

ARBITRAIRES

ET

LE DROIT DE PÉTITION

LES
SÉQUESTRATIONS

ARBITRAIRES

ET

LE DROIT DE PÉTITION

LETTRE

A Messieurs les Membres de la XIIe Commission
des Pétitions de la Chambre des Députés

PAR

ERNEST FALIGAN

Docteur en médecine, homme de lettres

PARIS

LIBRAIRIE GÉNÉRALE
Dépôt central des éditeurs
72 BOULEVARD HAUSSMANN ET RUE DU HAVRE

1879

LES

SÉQUESTRATIONS ARBITRAIRES

ET

LE DROIT DE PÉTITION

---

*Lettre à MM. les Membres de la 12ᵉ Commission
de la Chambre des Députés.*

I

Messieurs,

A une pétition que j'ai adressée, le 6 octobre 1878, à la Chambre des Députés, qu'au bout de cinq mois on refusa d'examiner, parce que je n'avais pas fait légaliser ma signature, et que je dus renouveler le 16 mars 1879, vous avez fait la réponse suivante, insérée au *Journal officiel* du 8 juillet dernier :

Sommaire de la Pétition et Motifs de la Commission.

M. Chavanne, rapporteur.

Pétition n° 933.

Le sieur Ernest Faligan, homme de lettres, demeurant à Saint-Martin-la-Forêt, à Angers (Maine-et-Loire), se plaint d'actes arbitraires dont il aurait été victime, et prie la Chambre de lui faire rendre justice.

Motifs de la Commission. Dans un long Mémoire qu'il adresse à la Chambre des Députés, à titre de pétition, M. Faligan a pour but principal de signaler les persécutions de toutes sortes qu'il aurait subies et qu'il subirait encore de la part de sa famille, des magistrats, des agents divers de l'autorité, des médecins, de tous ceux qui l'environnent et même des passants inconnus qu'il rencontre sur la voie publique.

Il est convaincu que tous ces faits se produisent sous la direction de ce qu'il appelle « *un gouvernement occulte* » qui serait organisé contre lui.

Ces faits auraient eu lieu à l'occasion d'une maladie des centres nerveux dont M. Faligan semble avoir commencé à être atteint, il y a cinq ou six ans. Reconnu, en effet, par les docteurs Lassègue et Legrand du Saulle, justiciables (*sic*) des médecins aliénistes, à la suite de faits qu'il ne rapporte pas, il dut être, en 1873, soumis à un traitement dans la maison nationale de Charenton. C'est ce qu'il appelle arrestation illégale, séquestration arbitraire, œuvre évidente à ses yeux de la « *connivence criminelle* » des magistrats, des gens de police et des médecins.

M. Faligan croit l'aliénation mentale très rare, et avec une grande insistance, il attribue les cas que l'on juge ainsi, et le sien en particulier, à l'administration coupable et savamment calculée des substances toxiques soit par les médecins, les infirmiers, les gardiens, dans les asiles d'aliénés, soit au dehors par de nombreux agents secrets de ce « *gouvernement occulte* » auquel il croit, et que » *sa conscience 'oblige à signaler* ».

Sans s'arrêter au caractère délictueux qu'auraient ces accusations graves, si elles émanaient d'un homme en réelle possession de lui-même, et considérant que l'auteur, par une lettre jointe à sa pétition, déclare qu'il est en voie de saisir l'autorité judiciaire de ses plaintes, la douzième commission se borne à proposer l'ordre du jour sur cette pétition. (*Ordre du jour.*)

S'il ne vous plaisait pas, Messieurs, de tenir compte de la demande d'enquête que je vous adressais dans ma pétition, vous aviez le pouvoir de l'écarter par l'ordre du jour ; mais vous n'aviez pas le droit de défigurer le sens et la portée de ma plainte par une analyse incomplète, qui laisse dans l'ombre ou ne mentionne même pas les parties les plus importantes.

Vous n'aviez pas le droit surtout d'insérer dans votre rapport, et de donner la publicité du *Journal officiel* à des allégations qui sont de nature à me causer le préjudice le plus grave, et qui ne sont appuyées d'aucune preuve, par l'excellente raison qu'on n'en saurait trouver de valables pour les soutenir.

Vous en aviez d'autant moins le droit, que vous ne vouliez pas examiner ma plainte, bien que, dans ma pétition, j'apporte à l'appui les faits les plus avérés, et que j'offre de faire la preuve de tous ceux qui me sont personnels. Ne voulant pas m'accorder les moyens de me défendre, vous ne deviez pas rendre l'accusation publique.

Ce sont là des principes d'équité naturelle qu'on peut violer, mais que l'on ne conteste pas.

Vous ne serez donc pas étonnés, Messieurs, que j'use du droit évident de réponse que me donne la forme inusitée de votre rapport, et que j'aie recours à la publicité de la presse pour rétablir, dans leur véritable sens, des allégations erronées auxquelles vous avez donné la publicité du *Journal officiel*.

J'ai reproduit votre rapport dans son intégrité. Vous ne pouvez trouver mauvais que maintenant je donne une rapide analyse de ma pétition.

II

Je me plains que le 13 janvier 1873, sans l'ombre d'un prétexte, et dans un but inavouable que *j'indique* dans ma pétition, la police m'ait enlevé dans la rue, à Passy, comme je sortais de mon domicile, puis séquestré dans la maison d'aliénés de Charenton ; et je signale ce fait aggravant que cette arrestation arbitraire eut lieu dix jours après une tentative faite pour m'incarcérer dans la maison d'aliénés de Sainte-Gemmes (Maine-et-Loire), et que j'avais pu déjouer.

Je me plains d'avoir été retenu prisonnier à Charenton pendant huit mois et demi, et soumis à un régime

calculé de violences, les unes ouvertes, les autres secrètes, ayant pour objet de briser ma résistance dont on
n'a pu, depuis sept ans, venir encore à bout.

Je me plains que, pendant ces huit mois et demi,
toutes mes réclamations, tant verbales qu'écrites, soient
restées vaines, notamment deux lettres adressées, l'une
à M. le Procureur de la République, l'autre à M. le
Président du Tribunal civil de la Seine. Comme je ne
suis pas seulement homme de lettres, mais aussi docteur
en médecine, et que, pour apprécier les faits dont j'étais
témoin tous les jours, j'avais des connaissances spéciales,
j'affirme que, parmi les prisonniers enfermés dans cette
maison, bien d'autres s'y trouvaient, comme moi, rete-
nus d'une façon arbitraire. Je dénonce de graves abus,
et même de criminelles violences, dont j'ai été le témoin
oculaire. J'appelle l'attention de la Chambre sur les
vices et les dangers de la législation relative aux aliénés,
qui livre, sans défense, la liberté des citoyens au bon
plaisir de la police, et rend ensuite impossible tout recours contre ses excès de pouvoir. Je la prie de recher-
cher comment il se fait que la réforme de cette législation, tant de fois réclamée, n'ait jamais pu s'opérer. Je
lui indique quelles influences, trop visibles, l'ont empê-
chée et quels seraient, à mon avis, les remèdes aux
dangers si graves, aux abus si fréquents de cette législation qui, faite en apparence pour protéger la liberté des
citoyens, en réalité la supprime. Enfin, pour appuyer
mes dires, j'entre dans des détails de médecine légale et
de toxicologie d'une précision très grande, que votre

rapporteur, M. le docteur Chavannes, passe sous silence,
et n'a point réfutés, certainement parce qu'il n'y trouvait
rien à répondre.

Je me plains que, pendant ma séquestration, et dès
les premiers jours de mon emprisonnement, on ait fait
ouvrir par un serrurier la porte de mon appartement
pour y prendre mon argent, lequel ne me fut rendu que
dix mois après; qu'on ait fait vendre mon mobilier sans
nécessité, en invoquant des motifs dont je prouve la
fausseté matérielle; enfin qu'on ait profité de cette incar-
cération pour m'enlever, en me faisant mettre en dispo-
nibilité, la place que j'occupais alors à la Bibliothèque
nationale de la rue Richelieu, et qui m'assurait une existence honorable et sûre, afin de me placer dans cette al-
ernative, ou de subir la contrainte qu'on voulait m'imposer, ou de chercher à quarante et un ans, dans une
nouvelle carrière, les moyens d'existence qui m'étaient
enlevés. Entre ces deux nécessités, j'ai, cela va de soi,
choisi la dernière, si dure qu'elle pût être.

Je me plains, depuis ma sortie de la maison d'aliénés,
non-seulement d'avoir à lutter contre les tracasseries de
toute sorte et les sourdes résistances que la police, avec
les puissants moyens d'action dont elle dispose, peut si
facilement susciter sous les pas qu'elle veut entraver,
mais d'avoir été, sur la voie publique à Paris, l'objet
d'injures, d'outrages et d'attaques répétées, parfois presque incessantes, et se produisant dans des conditions
telles qu'il était impossible d'en méconnaître les instiga-
teurs; — d'avoir même été plusieurs fois assailli et

frappé. J'indique les lieux, le jour, l'heure, les circonstances, les numéros des agents de police que j'ai pris à témoin. J'ajoute que mes plaintes, plusieurs fois portées devant les commissaires de police, pour toute réponse, ont reçu des moqueries et des injures, et que deux fois même on m'a retenu quelque temps prisonnier dans un poste, afin de permettre à mon agresseur, presque toujours le même, et dont on a refusé de me donner le nom, de s'éloigner.

Je me plains de ne pouvoir obtenir justice, ni du Préfet de police, aujourd'hui député, par l'ordre duquel je fus incarcéré, ni des médecins aliénistes qui se sont faits les complices de cet acte, qualifié crime par la loi; car, précisément parce qu'il est qualifié tel, je ne puis, de ma propre initiative, entamer une action judiciaire, et lorsque je demande au ministère public, qui seul en a le pouvoir, de la commencer, il refuse de faire droit à ma requête; je me trompe, il ne daigne même pas s'en occuper. Deux lettres chargées, adressées, l'une le 15 janvier 1879, l'autre le 15 février, à M. le Procureur général près la Cour d'appel de Paris, sont demeurées sans réponse. Il en a été de même de plaintes nombreuses adressées aux préfets de police qui se sont succédé depuis 1873; à M. de Marcère, ministre de l'intérieur, et enfin le 20 mai dernier à M. Le Royer, ministre de la justice, de sorte qu'ayant les mains liées par la législation, et ne trouvant point auprès du Ministère public la protection à laquelle j'ai droit, je suis en réalité hors la loi. Victime d'odieuses violences, je ne puis arriver jusqu'aux tribunaux compétents; je ne puis faire comparaître devant eux les témoins honorables et nombreux qui, certainement, y viendraient témoigner de la vérité de mes accusations; je n'y puis produire les preuves matérielles des faits dont je me plains, et c'était afin qu'elle mît un terme à cet état de choses, en contraignant le ministère public à sortir de son inaction, que je m'étais adressé à la Chambre des Députés.

Je me plains, enfin, qu'il existe, dans le gouvernement ou l'administration, des influences assez puissantes pour paralyser de la sorte l'action administrative et judiciaire, et constituer, à côté des fonctionnaires publics ou derrière eux, un véritable gouvernement occulte, souvent plus puissant que le gouvernement légal. Je signale ces influences secrètes; je les démasque; j'indique ce que j'ai pu découvrir de leurs moyens d'action, et je demande qu'une enquête sérieuse et d'énergiques moyens de répression en fassent justice.

III

Voilà, Messieurs, quelles sont mes plaintes, et si, dans cette lettre, je ne précise pas davantage certaines de mes accusations, c'est que j'attends, pour le faire sans m'exposer à des poursuites : ou que vous m'accordiez l'enquête que je demande, ou que vous ayez rétabli, vos collègues soi-disant républicains et vous, cette liberté de la presse que vous réclamez avec tant d'insistance lorsque vous êtes dans l'opposition, mais que vous ne donnez jamais lorsque vous détenez le pouvoir.

Mes plaintes reposent sur des faits précis, d'une extrême gravité, faciles à vérifier pour la plupart, et dont j'offre d'ailleurs de faire la preuve. Elles sont parfaitement nettes et circonscrites, et portent sur un ensemble de faits découlant les uns des autres et s'enchaînant de la façon la plus logique. On en peut demander la vérification. On ne saurait nier qu'elles présentent tous les caractères d'une accusation parfaitement raisonnable et sérieuse.

Or, dans votre rapport, au lieu de leur conserver cette physionomie, vous les présentez comme une série de récriminations incohérentes. Par une pétition de principes évidente, acceptant pour démontré ce que précisément je mets en question, vous essayez de les tourner en ridicule; vous les appelez des *persécutions,* sachant le discrédit dans lequel les médecins aliénistes ont fait tomber ce mot.

« *M. Faligan, dites-vous, a pour but principal de signaler les persécutions de toutes sortes qu'il aurait subies et qu'il subirait encore de la part de sa famille, des magistrats, des agents divers de l'autorité, des médecins, de tous ceux qui l'environnent, et même des passants inconnus qu'il rencontre sur la voie publique.*

Je le demande à toute personne impartiale, une telle

manière de présenter les faits dont je me plains est-elle équitable? A-t-elle pour la vérité le respect que j'étais en droit d'attendre?

Évidemment non; et l'évidence serait encore bien plus manifeste si je pouvais reproduire ici certains passages de ma pétition; et vous-mêmes, Messieurs, vous ne le nierez pas, car vous savez que, dans ce cas, je pourrais répondre :

« Quand des allégations sont aussi dénuées de sens et de preuves que, selon vous, sont les miennes, on peut sans danger fournir la preuve de leur insanité en les rendant publiques. C'est même là tout le châtiment qu'elles méritent.

« Or cette publicité, je vous mets au défi de l'accorder à ma pétition. »

Et ce défi, jamais vous n'oserez le relever.

Vous savez trop bien quelle indignation soulèverait la lecture de certains passages.

Vous altérez encore mes dires de la façon la plus grave et la plus manifeste, lorsque vous ajoutez :

« *Il est convaincu que tous ces faits se produisent sous la direction de ce qu'il appelle* « UN GOUVERNEMENT OCCULTE » *qui serait organisé contre lui.* »

Je ne prétends point qu'on ait organisé spécialement contre moi un *gouvernement occulte*. Je dis précisément le contraire, et je le prouverais ici même, en reproduisant certains passages de ma pétition, si la liberté très précaire et très limitée que vous accordez à l presse ne m'interdisait ce moyen de défense, si juste cependant et si naturel.

On y verrait que je suis sur ce point si clair et si explicite, que votre méprise est vraiment inexplicable.

Sans aucun doute, on trouverait singulier aussi que, par ces analyses tronquées et ces erreurs si difficiles à comprendre, vous m'imputiez des assertions inexactes rentrant dans la catégorie de celles que les médecins aliénistes font figurer parmi les symptômes de la folie.

Il y aurait même des gens mal intentionnés qui désigneraient peut-être par des noms malsonnants ce que j'appelle poliment des erreurs et des méprises, et ce serait fâcheux pour vous.

Mais croyez-vous donc qu'il ne soit pas aussi regrettable qu'entre vos dires et les miens, votre refus d'enquête empêche de prononcer ?

IV

Mes plaintes portent sur deux ordres de faits très distincts. Les uns me sont exclusivement personnels, et, comme les causes que j'attribue à ma séquestration, ou bien comme les attaques dont j'ai été l'objet sur la voie publique, ils sont d'une vérification facile.

Les autres, ayant trait à certaines pratiques que je dénonce, sont d'une nature plus délicate, et demandent quelquefois, pour être appréciés, des connaissances spéciales.

Qu'aurait fait, dans cette situation, une personne désireuse d'arriver à la découverte de la vérité ?

Elle eût remonté du simple au complexe. Avant de rien préjuger, elle eût cherché d'abord si les plaintes du premier genre, plus faciles à vérifier, étaient fondées, et, dans le cas où l'enquête m'eût donné raison, elle l'eût poursuivie dans la direction que je signale, en se livrant à l'examen des faits du second ordre.

C'était la marche commandée par la justice autant que par la raison.

Or, vous avez fait précisément le contraire.

Pour ne point vous occuper des faits du premier ordre, qui sont pourtant d'une vérification si facile, vous vous êtes targués de ce que ceux du second ne vous paraissent pas fondés, et, sans pousser plus loin les recherches, vous avez rejeté la pétition tout entière.

Ce peut être un procédé commode pour éluder des révélations fâcheuses ; ce n'est point, souffrez que je vous le dise, Messieurs, une façon d'agir équitable.

Prétendrez-vous que je ne suis pas, dans mes plaintes, suffisamment explicite?

Sur ce chapitre, je ne suis pas arrêté par les mêmes empêchements que sur d'autres, et je vais citer quelques passages de ma pétition relatifs aux agressions commises contre moi sur la voie publique.

Le lecteur, de la sorte, pourra juger et de la netteté parfaite de mes allégations, et de la gravité des faits.

« Le 7 août 1876, un individu très convenablement vêtu, décoré de l'ordre de la Légion d'honneur, m'assaillait de la façon la plus brutale sur le quai de l'Hôtel-de-Ville et me bousculait. Je le souffletai; il garda le soufflet et ne riposta pas. Voulant constater de quelle source me venaient ces provocations, je le suivis et le fis arrêter par le sergent de ville IV. 209, puis conduire au poste de la rue Geoffroy-Lasnier, pour avoir son nom et des explications sur les motifs de sa conduite. Mais, quand j'eus déposé ma plainte, il dit quelques mots à voix basse à l'oreille du brigadier qui, non-seulement refusa de me donner le nom de cet individu, mais me garda pendant un quart d'heure dans le poste, afin de donner à mon agresseur le temps de s'éloigner...

« Le 16 novembre 1876, sur le quai de l'Hôtel-de-Ville, *au même endroit et à la même heure où j'avais été heurté et frappé le 7 août* 1876, alors que j'avais les mains embarrassées de paquets, je fus assailli de nouveau par un individu qui, lorsque je le repoussai, me lança un coup de pied furieux, déchira le devant de ma chemise, puis, comme je m'étais mis en état de défense, cessa de me frapper, mais se mit à m'injurier, me traita notamment de mouchard. J'ai pu prendre à témoin de ce dernier fait le commissionnaire 12,293. Je fis arrêter cet individu par un sergent de ville, et je me rendis avec lui chez le commissaire de police de la rue Vieille-du-Temple. Les employés du commissariat prirent et me donnèrent son nom (***, cordonnier, âgé de trente-quatre ans, demeurant ***). Mais le commissaire de police refusa de recevoir ma plainte, et nous renvoya en nous disant que nous étions *deux imbéciles*.

« Cet individu, de toute évidence, m'avait été détaché par l'agent de la police secrète ou du gouvernement occulte que j'avais souffleté au même endroit le 7 août 1876.

« Je suis d'autant plus en droit de le croire, que ce même agent, depuis lors, affecta plusieurs fois de se trouver sur mon passage, toujours sur le même quai et à la même heure, et de nouveau m'y provoqua et m'y heurta.

« Voulant mettre un terme à ces provocations, je le fis arrêter de nouveau par le sergent de ville IV. 94, et conduire au poste de la rue Geoffroy-Lasnier, devant le brigadier IV. 8. Ce brigadier nous fit conduire chez le commissaire de police de la rue Vieille-du-Temple, le même qui, précédemment, m'avait traité d'imbécile, et ce commissaire de police, sans vouloir entendre la moindre explication, m'envoya au poste de la mairie du IV⁰ arrondissement, où l'on me retint enfermé dans la prison pendant une demi-heure. Puis on me ramena chez le commissaire de police, lequel me déclara du ton le plus brutal que, si je cherchais de nouveau à connaître le nom de mon agresseur, il m'enverrait au dépôt de la Préfecture, et que je n'en serais pas quitte à si bon compte. »

Voilà quelques-unes des violences dont j'ai eu à souffrir.

C'était, je le répète, par une enquête sur ces faits si faciles à constater, et sur bien d'autres de même nature que je ne puis reproduire ici, qu'un juge, désireux d'arriver à la vérité, eût commencé l'examen de mes plaintes.

Il l'eût ensuite poursuivie, si cette première enquête eût abouti, par la recherche des influences et des actions secrètes sur lesquelles j'appelais l'attention de la Chambre.

Vous, Messieurs, vous n'avez voulu rien voir ni rien entendre; vous avez écarté toute enquête comme inutile, et vous l'avez écartée, je suis contraint de vous le dire, parce que vous saviez trop bien que les premières recherches aboutiraient et vous conduiraient à des constatations, à des découvertes que vous ne vouliez pas faire.

V

Vous dites ensuite dans votre rapport :

« *Ces faits* AURAIENT EU LIEU *à l'occasion d'une maladie des centres nerveux dont M. Faligan* SEMBLE AVOIR COMMENCÉ *à être atteint, il y a cinq ou six ans. Reconnu en effet par les docteurs Lassègue et Legrand du Saule, justiciables (sic) des médecins aliénistes, à la suite de faits qu'il ne rapporte pas, |il dut être, en 1873, soumis à un traitement dans la maison nationale de Charenton. C'est ce qu'il appelle arrestation illégale, séquestration arbitraire, œuvre évidente à ses yeux de la « CONNIVENCE CRIMINELLE » des magistrats, des gens de police et des médecins. »*

Entre vos deux premières phrases, où sont émises des allégations si graves, et que la plus simple équité aurait dû vous interdire de formuler sans preuves, il existe une contradiction évidente et qui ne s'explique pas.

Vous dites, dans la première, d'une façon dubitative, que ces faits *auraient eu lieu* à l'occasion d'une maladie dont M. Faligan *semble avoir commencé* à être atteint il y a cinq ou six ans.

Dans la seconde, vous affirmez que, *reconnu justiciable* des médecins aliénistes, *je dus être soumis* à un traitement dans la maison nationale de Charenton.

De deux choses l'une :

Ou vous avez vérifié ce que vous avancez, vous en avez eu la preuve sous les yeux, et alors il fallait, dans la première phrase comme dans la seconde, énoncer vos affirmations sous la forme positive;

Ou bien vous vous êtes contenté de prendre les faits que vous relatez dans ma pétition, et alors vous n'auriez pas dû les défigurer, ni surtout, dans la seconde phrase, affirmer ce que vous ignoriez.

La seconde alternative est certainement la vraie.

Vous dites vous-mêmes, à la fin de votre rapport : *Considérant que l'auteur, par une lettre jointe à sa pétition, déclare qu'il est en voie de saisir l'autorité judiciaire de ses plaintes, la douzième commission se borne à proposer l'ordre du jour sur cette pétition.*

Pour ce motif, que j'apprécierai tout à l'heure, vous n'avez donc pas voulu faire d'enquête. Vous vous êtes contenté de prendre ce que vous avancez dans ma pétition, où je ne dis point ce que vous me faites dire.

Je dis qu'à vingt heures d'intervalle, on me fit comparaître devant deux médecins que je ne connaissais pas et qu'un infirmier du dépôt me dit être les docteurs Lassègue et Legrand du Saulle. Je dis que ces médecins causèrent avec moi et ne me firent point subir d'interrogatoire.

J'ajoute maintenant ceci : J'ai la conviction qu'on me fit comparaître devant eux pour m'intimider, mais je doute fort qu'on en ait obtenu un certificat permettant de me séquestrer ; et ce qui me le fait croire, c'est que, s'il en existait un, vous n'auriez pas manqué de le signaler, et vous gardez sur ce point un silence qui me paraît être significatif.

Si cependant il existait, je le déclare faux et mensonger, car je possède aujourd'hui et je suis prêt à produire des preuves matérielles qui rendent manifestes les véritables motifs de mon arrestation et les réduisent à néant.

Vous dites aussi que je fus reconnu *justiciable* des médecins aliénistes.

JUSTICIABLE ! !

Que signifie ce mot ?

Est-ce qu'un citoyen français peut être justiciable d'autres juges que de ceux établis par la loi ?

Est-ce que les médecins aliénistes seraient par hasard

chargés, non de soigner des malades, mais de punir des coupables ?

Est-ce vraiment là ce que vous voulez dire ?

Mais prenez-y garde ! Voilà qu'après avoir tourné en dérision ce que je dis des influences secrètes et du gouvernement occulte, vous apportez, à l'appui de mes assertions, la plus accablante des preuves !

Vous n'avez donc pas craint que ces gens mal intentionnés dont je parlais tout à l'heure ne voient, dans l'emploi de ce mot, d'un sens si net, d'une signification si claire, un de ces aveux involontaires que la vérité, par sa force invincible, arrache souvent à ceux qui cherchent à la dissimuler ?

Est-ce que vous ne trouvez pas que ces phrases ambiguës, ces mots si singulièrement employés auraient besoin d'explications ?

En tout cas, si tel est vraiment le sens que vous attachez à ce mot *justiciable*, et beaucoup de personnes n'en douteront pas, car vous ajoutez que je fus reconnu justiciable des médecins aliénistes *à la suite de faits que je ne rapporte pas*, je déclare cette assertion absolument fausse.

Je l'affirme de la façon la plus positive :

Je n'ai point commis d'actes me rendant justiciable soit des tribunaux, soit des médecins aliénistes ;

Et je ne rapporte point de faits qui l'établissent par la raison toute simple que ces faits n'existent pas.

Je proteste de la façon la plus énergique contre cette calomnie.

Je vous mets au défi, vous et les gens dont vous semblez vous être fait l'écho, de produire ces prétendus faits.

Et les personnes qui me liront ne seront pas embarrassées de prononcer entre nous, car elles savent parfaitement qu'il vous était facile de dissiper toute équivoque en ordonnant une enquête.

Pour elles comme pour moi, il sera bien évident que, si vous avez reculé devant cette enquête, c'est que, vous le saviez, je ne saurais trop insister sur ce point, et elle vous conduirait à des constatations que vous ne vouliez pas faire.

Quant à cette autre allégation que *je dus être, en 1873, soumis à un traitement dans la maison nationale de Charenton,* elle est d'une fausseté non moins grande.

J'y fus en effet enfermé, mais je n'y fus pas soumis au moindre traitement médical ou hygiénique.

A moins que la prison ne soit un traitement, ce qui n'est encore admis par personne, pas même par les médecins aliénistes.

Votre rapporteur, M. le docteur Chavannes, pourra vous l'apprendre si vous l'ignorez.

Enfin vous ne trouverez pas étonnant que je ne discute point la dernière phrase de ce paragraphe :

« C'est ce qu'il appelle arrestation illégale, séquestration arbitraire, œuvre évidente à ses yeux de la « CONNIVENCE CRIMINELLE » *des magistrats, des gens de police et des médecins. »*

Je ne pourrais le faire sans m'exposer à des poursuites.

Je me contente de dire que je ne donne point à quelques-unes de mes assertions le sens général que vous leur attribuez; et le jour où vous voudrez bien ordonner une enquête sérieuse et permettre qu'un débat contradictoire s'établisse, je me fais fort de démontrer la vérité des autres.

VI

Vous continuez de la sorte :

« M. Faligan croit l'aliénation mentale très rare, et, avec une grande insistance, il attribue les cas que l'on juge ainsi, et le sien en particulier, à l'administration coupable et savamment calculée des substances toxiques soit par les médecins, les infirmiers, les gardiens, dans les asiles d'aliénés ; soit au dehors par de nombreux agents secrets de ce « GOUVERNEMENT OCCULTE » auquel il croit, et que sa conscience l'oblige à signaler. »

Je relève tout d'abord, dans ce paragraphe, une assertion fausse.

M. Faligan, prétendez-vous, attribue les cas d'aliénation mentale, et le sien en particulier, à l'administration coupable... Et de cette façon d'exposer les faits, il semble résulter que je reconnais avoir été atteint d'aliénation mentale.

Or, il ne se trouve rien de semblable dans ma pétition.

Je me plains seulement qu'on m'ait surexcité, provoqué.

Mais je n'ai jamais dit qu'on m'ait privé de ma raison, et pour le meilleur des motifs, c'est que jamais, alors même que j'étais enfermé à Charenton, je n'ai été plus malade que je ne le suis maintenant.

Je suis prêt à vous en fournir la preuve dès que vous voudrez bien la recevoir.

Je n'ai point dit non plus que, dans les asiles d'aliénés, les substances toxiques soient administrées par les médecins, les infirmiers et les gardiens.

Quant à mes autres assertions, vous les résumez d'une façon trop inexacte pour qu'on puisse juger de leur valeur en parfaite connaissance de cause; et il ne m'est permis, en raison de leur nature, ni de les reproduire, ni de les discuter.

Mais je les maintiens toutes, et je les maintiens parce qu'elles sont la vérité.

Je me contenterai seulement d'émettre certaines réflexions, en les appuyant de faits incontestables.

Pour toute personne ayant fait une étude sérieuse des auteurs de l'antiquité, il n'est pas douteux que les anciens avaient une connaissance approfondie des poisons, et les employaient dans l'alimentation d'une façon journalière, et à petites doses savamment calculées, soit afin de maintenir leurs esclaves dans un état d'abrutissement les rendant moins indociles au joug qu'on leur imposait, soit afin d'exalter chez eux-mêmes certaines fonctions vitales et de se rendre par là plus aptes à goûter les ouissances physiques dont ils étaient si avides.

Ils ont fait sur ce point les aveux les plus explicites. Des faits innombrables, incontestables, l'établissent.

Il n'est pas moins certain qu'en dehors de cet usage pour ainsi dire public du poison, les anciens, surtout à certaines époques, ont fait un effroyable abus des substances toxiques dans des buts de cupidité et de vengeance. Ces substances étaient leur arme favorite. Ils s'en servaient, soit pour faire disparaître leurs ennemis, soit pour les priver passagèrement de leur raison ou de certaines de leurs facultés. *Quos vult perdere deus dementat.*

Cette science si souvent funeste des poisons ne s'est jamais perdue. La chimie lui a même donné de nos jours un développement, une précision qui la rendent encore plus redoutable, et les substances toxiques, bien que fort heureusement on en abuse moins qu'autrefois, sont encore très fréquemment employées pour des fins criminelles : les statistiques judiciaires l'établissent. On ne saurait donc se tenir trop en garde contre leur emploi.

Or, tous les médecins le savent, il est possible de produire à l'aide de substances toxiques les ensembles de symptômes qui constituent les maladies décrites par les aliénistes. Aussi semble-t-il que, lorsqu'un de ces méde-

cins se trouve appelé près d'une personne accusée d'aliénation mentale, son premier soin devrait être d'écarter
toutes les chances d'errreur, son diagnostic pouvant
priver cette personne, non-seulement de la liberté, mais
de tous les droits civils. Il ne devrait jamais se prononcer avant de s'être assuré, par des analyses d'une
rigueur suffisante, que les symptômes soumis à son
examen ne sont point déterminés par des substances
toxiques.

Cependant, je l'affirme sans crainte d'être démenti,
jamais les médecins appelés à visiter des aliénés ne se
livrent à ces recherches préalables.

J'ai signalé dans ma pétition cette négligence fâcheuse.
J'ai demandé que nul désormais ne puisse être enfermé
dans une maison d'aliénés sans que des médecins, indé-
pendants par leur situation, aient procédé à ces recherches.

J'ai dit que tout médecin, dans le certificat qu'il donne
en pareil cas, devrait affirmer, non pas seulement comme
il le fait aujourd'hui, que la personne soumise à son
examen présente les symptômes de telle affection; mais
aussi qu'il s'est assuré que ces symptômes ne sont point
produits par le poison. Je pensais qu'il appartenait à la
Chambre des députés d'imposer cette obligation légale.

Voilà, Messieurs, l'une des demandes que je vous
adressais. Elle était, il me semble, sérieuse et digne
d'examen, et je ne voudrais pas, pour ma conscience, de
la lourde responsabilité que vous avez assumée en n'en
tenant pas compte.

J'ai, de plus, appelé votre attention sur l'anomalie véritablement monstrueuse que la loi relative aux aliénés forme dans la législation actuelle. Tandis qu'en toute autre circonstance, on entoure la liberté individuelle de garanties minutieuses qu'avec raison quelquefois on ne trouve pas encore suffisantes, on livre sans défense à la discrétion des médecins aliénistes les personnes accusées d'aliénation mentale. Il suffit du certificat d'un seul de ces hommes dont la science, encore fort hypothétique, est sujette à tant d'erreurs, pour faire enfermer un homme jouissant de sa raison et de tous ses droits dans une maison d'aliénés où il se trouve privé de toute communication avec le dehors, et de tout moyen de défense. Si cet homme est assez heureux pour en sortir, ce qui n'est pas donné à beaucoup, il se trouve, par la législation actuelle, privé de tout moyen de demander compte devant les tribunaux de la violence dont il a été victime ou d'y faire réformer l'erreur commise à son détriment. Il ne peut personnellement intenter une action, il faut qu'il s'adresse au parquet, et le parquet, j'en suis la preuve, ne daigne même pas répondre à ces demandes.

La loi des aliénés, telle qu'elle est appliquée, confère véritablement un brevet d'infaillibilité aux médecins aliénistes, et vous trouvez cela tout naturel, vous, Messieurs, qui protestez avec tant de violence contre l'infaillibilité du pape!

Vous avez vraiment bien peu de souci de la logique.

Vos fins de non-recevoir et vos dédains affectés n'empêcheront pas cependant de penser et de dire qu'un abus si criant ne survivrait point avec tant de persistance à toutes les demandes de réforme, s'il n'y avait des gens intéressés à son maintien. ?

Mais je reviens à votre rapport.

Vous soulignez, comme une chose étonnante, que *ma conscience m'oblige à signaler* ces abus, et bien d'autres, dont je ne puis parler ici.

Nous n'avons point, Messieurs, la conscience faite de même, je n'en suis pas à le constater.

La mienne m'oblige à dévoiler, avec les excès de pouvoir dont j'ai personnellement souffert, tous ceux dont ma séquestration m'a rendu témoin.

La vôtre ne vous contraint même pas à vérifier les plaintes que vos fonctions vous obligent à recevoir.

Vous devez, je le comprends, trouver la mienne fort singulière.

Mais la vôtre, croyez-le bien, Messieurs, ne me paraît pas moins étrange.

VII

J'arrive, avec un sentiment de soulagement que le lecteur comprendra sans peine, au dernier paragraphe de votre rapport.

Il est ainsi conçu :

« *Sans s'arrêter au caractère délictueux qu'au-*

raient ces accusations graves, si elles émanaient d'un homme en réelle possession de lui-même, et considérant que l'auteur, par une lettre jointe à sa pétition, déclare qu'il est en voie de saisir l'autorité judiciaire de ses plaintes, la douzième commission se borne à proposer l'ordre du jour sur cette pétition.

Je ne comprends pas, je l'avoue, le sens de ces premiers mots : *sans s'arrêter au caractère délictueux qu'auraient ces accusations graves...*

Qu'entendez-vous par là, Messieurs?

Est-ce que le droit de pétition n'emporte pas la liberté de raconter tous les faits, tous les abus dont chacun croit avoir à se plaindre?

Est-ce qu'alors même que je me tromperais, et cela n'est pas, vous le savez bien, mes erreurs ne seraient pas couvertes par cette liberté d'écrire et de parler sans laquelle nul droit sérieux ne saurait s'exercer?

Est-ce que vous avez la prétention d'établir, parmi les faits qu'on peut porter à votre connaissance, certaines catégories dont il serait interdit de se plaindre?

Ce seraient là des mesures dignes de votre libéralisme.

Je doute cependant que, même avec la toute-puissance dont vous êtes maintenant armés, vous parveniez à les faire prévaloir.

Est-ce une menace?

Ma réponse a dû vous prouver que je suis peu sensible à ce moyen d'intimidation.

Et quand même vous me feriez traduire devant les tribunaux, vous ne comprenez donc pas tout ce qu'il y aurait d'insolite et de révoltant à me poursuivre parce que je me plains d'avoir souffert des violences qualifiées crimes par la loi, et de ne pouvoir arriver jusqu'aux tribunaux pour y porter ma plainte ?

Vous montreriez, efficace contre moi, cette justice qui n'a su ni me protéger ni punir ensuite les auteurs de ces violences. Indulgents au crime, vous seriez inexorables pour de prétendus délits qui n'existent, je le crains bien, que dans votre imagination.

Vous pouvez cependant, Messieurs, ordonner des poursuites.

Il se peut même que vous trouviez un tribunal pour me condamner.

Mais prenez-y garde !

De pareilles violations de l'équité sont souvent plus funestes à ceux qui se les permettent qu'à ceux qui les souffrent. Ce n'est jamais impunément qu'on brave à ce point la conscience publique, et la violence qui s'affiche avec si peu de mesure se condamne elle-même à une fin prochaine.

Pour moi, Messieurs, comme je m'attends à tout, rien ne m'étonnera.

Vous ajoutez que mes accusations n'émanent pas d'un homme en réelle possession de lui-même.

Si vous entendez par là qu'un homme qu'on peut impunément séquestrer, outrager et frapper, et qui, pour toute réponse à ses plaintes, reçoit des fins de non-rece-

voir plus ou moins dérisoires, n'a pas la réelle possession de lui-même, cette fois, Messieurs, nous sommes
pleinement d'accord. Loin de vous contredire, j'enché-
rirais bien plutôt sur vos affirmations

Mais si vous osez prétendre par là que je n'ai pas eu
et que je n'ai pas encore l'entière possession de ma
raison, je donne à cette allégation le démenti le plus
catégorique, et je vous mets au défi de produire un seul
fait qui la puisse justifier.

Il est toujours difficile de parler de soi-même. Mais
puisque vous m'y contraignez, je le demande aux personnes qui liront cette réponse, témoigne-t-elle que mon
esprit soit troublé et que je ne sache ni raisonner ni
discuter ?

Je le demande aux personnes qui ont lu les travaux
nombreux et étendus que j'ai faits et publiés depuis
mon emprisonnement, s'y trouve-t-il un seul passage
qui puisse, je ne dis pas autoriser une pareille supposi-
tion, mais lui servir de prétexte ?

Je le demande aux personnes qui me connaissent, et
elles sont, grâce à Dieu, honorables et nombreuses, y
a-t-il maintenant, y a-t-il eu jamais dans ma conduite
ou dans mes paroles le moindre indice d'un dérange-
ment d'esprit, alors même que je soutenais les luttes
les plus pénibles et que je traversais des situations si
difficiles ?

Enfin, puisque vous me poussez à bout, je voudrais
bien qu'on soumît à une enquête ma vie privée et celle
des gens qui portent de telles accusations contre moi,

ou qui s'en font l'écho, et l'on verrait qui, d'eux ou de moi, fait preuve de la raison la plus droite et de la volonté la plus ferme.

Vous terminez par cette phrase :

Considérant que l'auteur, par une lettre jointe à sa pétition, déclare qu'il est en voie de saisir l'autorité judiciaire de ses plaintes, la douzième commission se borne à proposer l'ordre du jour sur cette pétition. »

Il y a là, Messieurs, une allégation fausse et qui, j'ai le regret de le dire, ne témoigne pas en faveur de la franchise de votre rapporteur.

Lorsqu'au mois de mai dernier, j'allai voir M. le docteur Chavannes, afin de lui offrir toutes les explications qu'il pourrait désirer (et il refusa catégoriquement de les recevoir), je me plaignis, entre autres choses, de ne jamais obtenir de réponse aux plaintes que j'adressais tant au préfet de police qu'à l'autorité judiciaire.

— Avez-vous écrit au ministre de la justice ? me demanda M. le docteur Chavannes.

— Non, lui répondis-je.

— Eh bien ! écrivez-lui, répliqua-t-il, et nous verrons ce qu'il fera.

Je m'empressai de suivre le conseil et d'adresser copie de ma lettre à M. le docteur Chavannes.

Comment peut-il donc se faire qu'il dise que *je suis en voie* de saisir l'autorité judiciaire, alors qu'il était informé, tant par cette lettre que par ma pétition, que ce

3

dont je me plains est précisément de lui avoir fait appel en vain ?

Si M. le docteur Chavannes, en me donnant ce conseil, espérait trouver dans ma lettre un prétexte pour écarter ma pétition, le subterfuge est bien misérable.

En tout cas, il ne pouvait vous dégager, Messieurs.

Sachant que j'avais écrit à M. le ministre de la Justice, vous aviez le devoir évident, avant de prendre une décision, de vous enquérir de la réponse qui serait faite à ma lettre, et ce devoir, j'ai le regret de le constater, les termes mêmes de votre rapport prouvent que vous ne l'avez pas rempli.

Je termine par deux questions :

Est-il vrai que M. le docteur Chavannes ait rempli les fonctions d'interne dans une maison d'aliénés?

Est-il vrai qu'il soit l'ami d'enfance de M. Andrieux, le Préfet de police actuel?

Il me l'a dit lui-même dans le cours de notre entretien, et comme, jusqu'à preuve du contraire, je ne veux pas douter de la vérité de ses paroles, je vous demande si vous trouvez que ce soit le fait de juges impartiaux de choisir pour rapporteur, dans une plainte contre la police et des médecins aliénistes, un homme ayant eu ou possédant encore des relations si intimes avec ces deux corporations.

VIII

Je me résume, Messieurs, et j'achève.

J'ai porté devant vous des plaintes d'une gravité exceptionnelle; vous n'en avez pas tenu compte.

J'ai offert de vous fournir les preuves de mes allégations; vous avez refusé de les recevoir.

Ce n'est pas en réalité l'ordre du jour que vous avez prononcé sur ma pétition, c'est la question préalable, et vous l'avez prononcée non parce qu'une enquête vous avait démontré la fausseté de mes plaintes, mais parce que vous ne vouliez pas entamer cette enquête, qui, vous le saviez, vous eût conduits à des constatations que vous ne vouliez pas faire.

Vous avez, dans votre rapport, défiguré ma pétition.

Vous en avez, à plusieurs reprises, altéré le sens.

Vous m'avez prêté des assertions que je n'ai pas émises.

Vous n'avez pas craint de dire que j'avais été reconnu justiciable des médecins aliénistes.

Je vous réponds, avec plus de vérité, que vous êtes, vous, justiciables de l'opinion publique.

Et je vous livre à son jugement.

Angers, le 29 juillet 1879.